자두의 과학일기

자두의 과학일기 [공룡]

2019년 4월 15일 초판 1쇄 발행
2023년 6월 25일 초판 4쇄 발행

글 | 고희경
그림 | 최호정

발행인 | 정동훈
편집인 | 여영아
편집 | 김지현, 김학림, 김상범, 김지수, 변지현
디자인 | 장현순
제작 | 김종훈
발행처 | ㈜학산문화사

등록 | 1995년 7월 1일 제3-632호
주소 | 서울 동작구 상도로 282 학산빌딩
전화 | 편집 문의 02-828-8873, 8823 영업 문의 02-828-8962
팩스 | 02-823-5109
홈페이지 | www.haksanpub.co.kr

ⓒ이빈, 고희경, 최호정 2019
ISBN 979-11-348-1964-4 74400
ISBN 979-11-256-5033-1 (세트)

※KC마크는 이 제품이 공통안전기준에 적합하였음을 의미합니다.
※이 책은 저작권법에 따라 한국 내에서 보호받는 저작물이므로 무단 전재와 무단 복제를 금합니다.
　이 책의 전부 또는 일부를 이용하려면 반드시 저작권자와 출판사의 동의를 받아야 합니다.
※잘못된 책은 바꾸어 드립니다.

안녕 자두야 과학일기

자두가 가장 궁금해하는
공룡 상식 25가지

【 공룡 】

채우리

| 머리말 | 그 많던 공룡은 다 어디로 갔을까?

공룡은 2억 년 전에 살았던 동물인데도 참 친근해요.

전 세계 어린이들이 뽑은 가장 좋아하는 동물도

공룡이라고 하니까 공룡의 인기를 짐작할 만하지요?

공룡은 우리보다 훨씬 먼저 지구를 지배했던 지구의

주인이었어요. 지구 곳곳 어디에서나 공룡이 살았지요.

이렇게 지구를 차지하고 살아가던 공룡들이

거짓말처럼 갑자기 사라져 버렸어요.

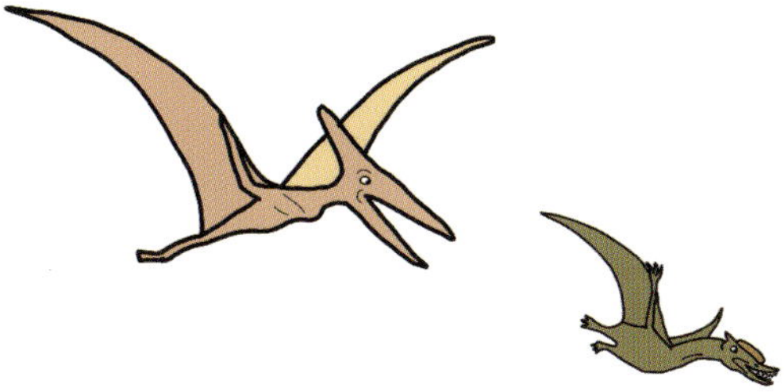

도대체 공룡들에게 무슨 일이 일어났던 걸까요?

이 책에는 공룡들의 모습과 공룡들이 살았던 시대의

이야기가 가득 담겨 있어요.

공룡이 어떤 동물이었는지 궁금하다면 자두와 함께

공룡 나라로 떠나 보기로 해요. 우리가 궁금했던

공룡의 이야기들을 하나씩 알려 줄 거예요!

고희경

| 차례 |

2장
공룡 시대(중생대)로 가자

공룡이 나타났다! · 32
트라이아스기에는 어떤 공룡이 살았나요?

공룡이 우글우글! · 36
쥐라기에는 어떤 공룡들이 살았나요?

공룡 전성시대 · 40
백악기에는 어떤 공룡들이 번성했나요?

공룡이여, 안녕! · 44
공룡은 왜 갑자기 멸종했나요?

1장
공룡이 궁금해

공룡이 뭘까? · 10
공룡은 어떤 동물이에요?

고기가 좋아, 풀이 좋아? · 14
육식 공룡과 초식 공룡은 무엇이 다른가요?

공룡은 어떻게 번식했을까? · 18
공룡은 새끼들을 잘 돌보았나요?

공룡도 진화했다고? · 22
공룡이 새의 조상이라고요?

공룡이 아니야 · 26
익룡, 어룡, 수장룡은 어떤 동물인가요?

3장
공룡도 가지가지

엉덩이뼈가 달라! · 50
엉덩이뼈 모양으로 공룡을 나눈다고요?

도마뱀의 다리를 가진 공룡들 · 54
거대 초식 공룡 용각류는 어떤 공룡이었나요?

맹수의 다리를 가진 육식 공룡 · 58
수각류는 얼마나 무서운 공룡이었나요?

독특한 이빨을 가진 공룡들 · 62
조각류는 어떤 초식 공룡인가요?

갑옷 공룡들 · 66
갑옷 공룡들의 갑옷은 얼마나 튼튼했나요?

머리 주변에 장식을 가진 공룡들 · 70
공룡의 머리장식은 어떤 일을 하였나요?

5장 공룡을 기억해

공룡을 찾는 사람들 · 98
공룡 뼈를 찾아다니는 사람들은 누구인가요?

이야기의 실마리 · 102
아무거나 화석이 될 수는 없다고요?

뼈가 살아났네! · 106
화석은 어떻게 발굴하고 복원하나요?

우리나라에는 어떤 공룡들이 살았을까? · 110
우리나라에도 공룡이 많이 살았나요?

공룡을 보러 가자 · 114
공룡을 볼 수 있는 박물관은 어디인가요?

4장 인기 만점 공룡들

무시무시한 사냥꾼 · 76
티라노사우루스는 얼마나 무서운 공룡이었나요?

코뿔소를 닮은 공룡 · 80
트리케라톱스의 뿔은 어떤 일을 했나요?

거대 가시를 조심해 · 84
스테고사우루스도 공격을 했다고요?

박치기 대장 · 88
파키케팔로사우루스는 정말 박치기를 했나요?

달리는 도마뱀 · 92
벨로키랍토르는 얼마나 영리한 공룡이었나요?

1장

공룡이 궁금해

01 공룡이 뭘까?
공룡은 어떤 동물이에요?

02 고기가 좋아, 풀이 좋아?
육식 공룡과 초식 공룡은 무엇이 다른가요?

03 공룡은 어떻게 번식했을까?
공룡은 새끼들을 잘 돌보았나요?

04 공룡도 진화했다고?
공룡이 새의 조상이라고요?

05 공룡이 아니야
익룡, 어룡, 수장룡은 어떤 동물인가요?

[공룡]

공룡이 뭘까?

| 4월 25일 목요일 | 날씨 공룡만큼 무서운 얼굴로 화낸 날 |

오늘은 자연사 박물관에서 공룡을 봤다. 알로사우루스는 입이 크고 엄청 무섭게 생겼다. 저런 공룡이 따라오면 무지 무서울 것이다. 그런데 윤석이가 내가 그 공룡이랑 닮았다는 것이다. 대체 어디가 닮았다는 거냐! 내가 펄쩍 뛰며 따라갔더니 더 똑같다고 놀렸다. 나처럼 예쁜 얼굴을 공룡과 비교하다니! 그런데 공룡은 정말 신기한 것 같다. 공룡은 어떤 동물이었을까?

알짜배기 과학 상식

공룡은 어떤 동물이에요?

공룡은 상상 속 동물 같아요.

아쉽게도 지금은 사라졌기 때문에 그렇게 느껴질 거야. 하지만 공룡은 약 1억 8천만 년이라는 긴 시간 동안 지구를 가득 채웠던 주인공이자 지배자들이었단다.

"크아아앙~!"

커다란 공룡이 울부짖으며 따라온다면 정말 무시무시할 거야. 마치 영화나 만화 같지만 공룡은 실제 지구에 살았던 동물이야. 지금으로부터 약 2억 4천만 년 전부터 6천5백만 년 전에 지구에 살았던 파충류란다.

'공룡'이라는 이름만 보아도 공룡이 대충 어떤 동물인지 짐작해 볼 수 있어.

공룡은 한자로 '恐(두려울 공) 龍(용 용)'이라고 써. '두려운 용', 즉 무서운 도마뱀이라는 뜻이지. 공룡은 영어로는 'Dinosaur'라고 해. 이 글자는 '무서운'이라는 뜻을 가진 'Deinos'와 '도마뱀'이라는 뜻을 가진 'Sauros'가 합쳐진 글자야. 즉 영어로도 '무서운 도마뱀'이라는 뜻이란다.

육식 공룡, 초식 공룡

고기가 좋아, 풀이 좋아?

4월 28일 일요일 | 날씨 치킨을 먹고 하늘이 더 맑게 보인 날

딸기의 생일 파티에 초대를 받았다. 맛있는 게 너무 많아서 침이 꿀꺽 넘어갔다. 나는 우선 치킨부터 집었다. 그런데 하필 은희가 옆에 앉아서 채소랑 과일만 집어먹었다. 돌돌이가 나는 육식 공룡이고 은희는 초식 공룡이라며 웃었다. 육식 공룡이라고 해도 할 수 없다. 채소보다는 치킨이 훨씬 맛있으니까. 그런데 육식 공룡이랑 초식 공룡은 어떻게 다른 걸까?

알짜배기 과학 상식

육식 공룡과 초식 공룡은 무엇이 다른가요?

육식 공룡은 매번 거대한 초식 공룡을 사냥해야 했으니 힘들었을 것 같아요.

그렇지 않단다. 육식 공룡이 쉽게 먹이를 얻는 방법이 있었지. 알이나 갓 깨어난 새끼들을 잡아먹는 거야. 하지만 그것도 늘 성공하지는 못해서 죽은 동물을 먹거나 다른 공룡이 사냥한 것을 빼앗기도 했다고 해.

공룡은 주로 어떤 것을 먹느냐에 따라 육식 공룡과 초식 공룡으로 나눌 수 있단다. 같은 공룡이지만 육식 공룡과 초식 공룡은 서로 많이 달랐어.

우선 초식 공룡은 식물을 먹던 공룡이야. 주로 고사리 같은 양치식물이나 나무 열매, 나뭇잎 등을 먹고 살았지. 초식 공룡은 나뭇잎 등을 잘 뜯고 잘 씹어야 했기 때문에 어금니가 맷돌처럼 뭉뚝했어. 높은 곳에 있는 나뭇잎을 잘 먹을 수 있도록 목이 길게 발달한 공룡도 많았지.

육식 공룡은 다른 동물을 잡아먹고 살던 공룡이야. 육식 공룡은 무척 날카로운 발톱과 이빨, 강한 턱을 가지고 있었어. 사냥에 성공하려면 재빠르게 달려야 했기 때문에 육식 공룡 중엔 두 다리로 서서 다니는 종류가 많았단다.

[공룡의 번식]

공룡은 어떻게 번식했을까?

| 5월 3일 금요일 | 날씨 | 갑자기 따끈따끈한 달걀프라이가 먹고 싶어진 날 |

공룡은 커다란 새끼를 낳을 줄 알았는데 알고 보니 알을 낳았다고 한다. 공룡은 덩치가 크니까 알도 컸을 것이다. 공룡알로 프라이를 만들면 엄청 커다란 프라이가 됐겠지? 그럼 실컷 먹을 수 있었을 텐데. 엄마는 치사하게 달걀프라이 하나를 미미랑 나눠 먹으라고 한다. 달걀이 공룡알만 하면 얼마나 좋을까. 그런데 공룡은 알에서 나온 새끼들을 어떻게 키웠을까?

공룡은 새끼들을 잘 돌보았나요?

공룡들은 어쩐지 아기를 잘 돌보지 않았을 것 같아요.

그렇지 않아. 오비랍토르라는 공룡 화석은 공룡의 모성애를 잘 보여주고 있지. 둥지에서 알을 감싸안고 있는 모습으로 발견되었는데 자신의 알을 보호하다 죽음을 맞이한 거였어.

짝짓기를 마친 암컷은 둥지를 만들고 그곳에 알을 낳았지. 그러고는 알에서 새끼들이 깨어날 때까지 품고 잘 돌보았을 거야.

공룡마다 한 번에 낳는 알의 수나 알의 모양과 크기가 다 달랐어. 거대한 초식 공룡의 알은 축구공처럼 둥글고 컸지. 벨로키랍토르의 알은 길쭉하고 한쪽 끝이 뾰족한 모양이었어.

사실 1922년 전까지는 공룡이 새끼를 낳았는지 알을 낳았는지를 확신할 수가 없었어. 알을 낳는다는 확실한 증거가 없었거든. 그런데 1922년 미국 자연사 박물관 탐사대가 고비사막에서 거대한 프로토케라톱스 둥지를 발견했단다. 이곳에는 어른 프로토케라톱스의 뼈도 있었고 무엇보다 거대한 알둥지가 있었지. 공룡이 알로 번식한다는 증거를 찾은 순간이었지.

마이아사우라 같은 초식 공룡들은 큰 무리를 지어 둥지를 만들었다고 전해져. 이 공룡들은 커다란 무리를 이루고 서로 의지하면서 새끼를 돌보았던 것으로 알려진단다. 마이아사우라라는 이름도 '좋은 엄마 도마뱀'이라는 뜻이라고 해.

마이아사우라는 좋은 엄마인가 봐.

[공룡의 진화]

공룡도 진화했다고?

5월 10일 금요일 | 날씨 비둘기를 오랫동안 들여다본 날

민지랑 집에 오다가 비둘기 떼를 보았다. 그런데 민지가 공룡이 진화해서 새가 되었다는 거다. 나는 깜짝 놀랐다. 공룡이랑 비둘기랑 하나도 안 닮았는데 진짜일까? 설마 아주아주 나중에 비둘기가 인간으로 진화하지는 않겠지? 비둘기 조상이 공룡이라니 신기하다. 공룡은 어떻게 새로 진화한 걸까?

알짜배기 과학 상식

공룡이 새의 조상이라고요?

 새의 조상은 공룡이 아니라 시조새라던데요?

 맞아. 시조새는 가장 오래된 새야. 잘 발달된 깃털을 이용해서 새처럼 하늘을 잘 날았단다. 그런데 이 시조새는 몸집이 작고 재빠른 육식 공룡으로부터 진화했단다.

공룡이 지구를 지배했던 기간은 약 1억 8천만 년 가까이나 된단다. 그 긴 시간 공룡은 비교적 작은 모습에서 더 크고 다양한 모습으로 진화했단다. 2억 3천만 년 전쯤에 살았던 수각류 공룡 헤레라사우루스는 몸길이가 약 3m 정도였지만, 6500만 년 전에 살았던 수각류 공룡 티라노사우루스의 몸길이는 14m에 이르렀단다.

그런데 놀랍게도 작은 수각류 공룡들은 훗날 새로 진화했을 거라고 추측되고 있어. 1996년 중국에서는 아주 이상한 육식 공룡의 화석이 발견되었지. 그 공룡은 털과 깃털을 가지고 있었거든. 이 화석은 작은 육식 공룡들이 하늘을 나는 새로 진화했다는 확실한 증거가 되었단다. 오늘날 학자들은 새의 조상이 공룡에서 왔다는 것을 사실로 받아들이고 있어.

나도 공룡이야!

[익룡과 어룡]

다 같은 공룡이 아니야?

| 5월 13일 월요일 | 날씨 시원한 주스를 보기만 하고 먹지 못한 날 |

아, 슬프다! 왜 내 간식은 늘 부족하냐. 오늘도 애기랑 미미 간식은 많이 남았는데 나는 다 먹어 버리고 말았다. 그래서 공룡놀이를 해서 쪼끔만 뺏어 먹으려고 계획을 짰다. 나는 익룡이랑 어룡 흉내를 냈다. 그런데 미미가 익룡이랑 어룡이 공룡이 아니라는 거다. 하필 공룡이 아닌 것들만 고르는 바람에 간식도 못 뺏어 먹고 엄마한테 들켜 버렸다. 그런데 익룡과 어룡이 공룡이 아니라니 정말일까?

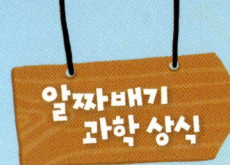

익룡, 어룡, 수장룡은 어떤 동물인가요?

　공룡 시대에는 육지를 쿵쾅쿵쾅 다니던 거대한 공룡들뿐 아니라 하늘을 나는 익룡과 물속을 지배하던 어룡도 살고 있었어. 거대한 날개를 펄럭거리면서 뾰족한 부리를 세우고 사냥감을 노리는 익룡의 모습은 무시무시했을 거야.

　물속도 만만치 않았어. 영화 〈쥐라기 월드〉에는 물속에서 거대한 어룡이 튀어나와서 커다란 육식 공룡을 한입에 덥석 물고 들어가는 장면이 나와.

　그런데 익룡과 어룡은 공룡이 아니라는 사실을 알고 있니? 익룡과 어룡은 공룡과 같은 시대를 살았던 파충류이긴 하지만 공룡은 아니야. 공룡은 땅에서 살았던

파충류로서, 서서 걸을 수 있는 독특한 골반과 다리를 가진 동물만을 가리키는 말이란다. 익룡은 하늘을 나는 파충류이고 어룡은 바다에 살았던 파충류야.

프테라노돈과 케찰코아틀루스는 대표적인 익룡이야. 케찰코아틀루스는 날개폭이 13m나 되었다고 해. 어룡은 모사사우루스, 틸로사우루스, 크로노사우루스 등이 있었어. 이들은 돌고래, 물개, 악어 등과 비슷한 모습이었을 거야.

그런데 어룡 말고 '수장룡'이라는 것도 있었다던데 그건 뭔가요?

수장룡도 어룡처럼 물속에 살던 파충류야. 어룡이 물고기처럼 헤엄쳤다면 수장룡은 네 개의 물갈퀴를 휘저으며 헤엄쳤단다. 플리오사우루스처럼 목이 짧은 종류와 플레시오사우루스처럼 목이 긴 종류가 있었어. 사실 '수장룡'이란 이름도 목이 길어서 붙은 이름이란다.

익룡과 어룡은 공룡이 아니라 파충류래.

저렇게 무서운데 공룡이 아니라고?

2장 공룡 시대(중생대)로 가자

01 공룡이 나타났다!
트라이아스기에는 어떤 공룡이 살았나요?

02 공룡이 우글우글!
쥐라기에는 어떤 공룡들이 살았나요?

03 공룡 전성시대
백악기에는 어떤 공룡들이 번성했나요?

04 공룡이여, 안녕!
공룡은 왜 갑자기 멸종했나요?

[트라이아스기]

공룡이 나타났다!

| 5월 17일 금요일 | 날씨 공룡으로 오해받은 날 |

급식실로 쿵쾅쿵쾅 뛰어가다가 공룡으로 오해를 받았다. 돌돌이 녀석 때문이다. 무조건 돌돌이보다 줄을 빨리 서야 한다. 그렇지 않으면 맛있는 게 다 떨어져 버릴 수도 있다. 돌돌이를 앞서려고 뛰어간 것뿐인데 아이들이 공룡인 줄 알았다고 놀렸다. 딸기는 '트라이 어쩌고 시대인 줄 알았다'고 했다. 공룡이 처음 나타난 시대라나 뭐라나. 그런데 크리스마스트리도 아니고 무슨 이름이 그렇게 복잡한 걸까?

트라이아스기에는 어떤 공룡이 살았나요?

'트라이아스기'라니 이름이 이상해요.

'트라이'는 '3'을 뜻하는데 이때의 지층을 보면 3개 층으로 뚜렷이 나누어지는 걸 볼 수 있단다. 붉은색의 사암, 흰색의 석회암, 갈색 사암이 3층으로 겹쳐 있어서 '삼첩기'라고도 불리지.

아, 무지개떡처럼 말이죠?

지구의 나이는 약 46억 살이나 되었어. 하지만 화석이 나타나기 시작한 건 겨우 5억 5천만 년 전부터야. 이 시기부터를 고생대라고 하는데 다양한 생물들이 등장하기 시작했지. 그다음 시대가 바로 중생대야. 지금으로부터 약 2억 5천만 년 전부터 6천5백만 년 전까지의 시기이지. 중생대는 공룡이 지구의 주인이었던 시기라서 '파충류의 시대'라고도 불러.

트라이아스기에서 공룡이 처음 모습을 드러냈대~

중생대는 트라이아스기, 쥐라기, 백악기로 나뉜단다. 공룡은 약 2억 4천만 년 전 쯤인 트라이아스기에 처음 모습을 드러냈어. 그때 지구의 대륙 모양은 지금과 무척 달랐어. 대륙이 나누어지지 않고 커다란 덩어리로 뭉쳐 있었거든. 이것을 '판게아'라고 부른단다. 트라이아스기의 판게아에는 거대한 사막이 펼쳐져 있었다고 해. 기온은 지금보다 더 따뜻했지.

트라이아스기에 살던 공룡들은 초기 익룡인 에우디모르포돈, 몸이 거대했던 초식 공룡 플라테오사우루스, 날렵한 육식 공룡 코엘로피시스 등이 있었단다.

[쥐라기] 공룡이 우글우글!

| 5월 19일 일요일 | 날씨 공룡 영화에 푹 빠진 날 |

가족들과 <쥐라기 월드>라는 영화를 봤다. 거대 육식 공룡이 초식 공룡을 물어뜯는 장면이 가장 기억에 남았다. 엄마랑 아빠도 가끔 저렇게 싸울 때가 있다. 물론 엄마가 육식 공룡이고 아빠가 초식 공룡이다. 나도 모르게 비슷하다고 말했다가 큰일 날 뻔했다. 영화에서처럼 도망치느라 혼났다. 쥐라기 때 공룡들도 이렇게 쫓고 쫓기느라 힘들었겠지?

알짜배기 과학 상식

쥐라기에는 어떤 공룡들이 살았나요?

'쥐라기'라는 이름은 어떤 뜻이에요?

이 시대의 지층이 스위스, 독일, 프랑스 국경의 '쥐라산맥'에서 발견되었기 때문에 그렇게 부른단다.

'쥬라기'라고도 부르던데 어떤 게 맞나요?

프랑스어 지명인 '쥐라산맥'에서 따온 거라서 '쥐라기'가 옳은 표기야.

쥐라기는 중생대의 두 번째 시기야. 약 1억 8천만 년 전부터 1억 3천5백만 년 전 사이의 시대란다. 이 시기를 쥐라기라고 해.

이때에 거대한 땅덩어리 판게아는 분열을 시작했어. 대륙은 떨어지고 그 사이로 바다가 밀려들어 왔지. 기후가 따뜻해지고 습해지니까 식물들이 번성하게 되었어. 식물들이 우거지니까 목이 길고 몸이 커다란 초식 공룡들도 함께 번성하게 되었단다.

초식 공룡들의 몸집은 점점 커졌어. 그에 따라서 초식 공룡을 잡아먹는 커다란 육식 공룡들도 번성하게 되었지. 몸길이가 9m에 이르던 초식 공룡 스테고사우루스, 갑옷으로 무장한 안킬로사우루스, 거대 초식 공룡을 사냥하던 알로사우루스 등이 이 시대에 살았단다. 시조새가 등장한 것도 이 시기였어.

[백악기]

공룡 전성시대

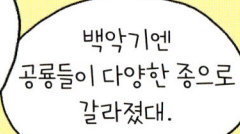

| 5월 21일 화요일 | 날씨 과자가 엄청나게 먹고 싶은 날 |

민지가 공룡책을 보여 줬다. 백악기에는 공룡들 종류가 엄청 다양해졌다고 했다. 내가 보기엔 다 거기서 거기 같구만. 그런데 그때 돌돌이가 새 과자를 들고 나타났다. 달콤칩이 새로 나오다니! 맛은 어떨까? 너무 궁금했다. 그러고 보니 새콤칩이랑 달콤칩이 다른 것처럼 백악기 공룡들도 다 다른 거구나. 그런데 백악기에는 공룡들이 얼마나 번성했던 걸까?

　백악기는 중생대의 마지막 시기야. 공룡의 전성시대라고 불릴 만큼 공룡들이 전성기를 누리던 시기란다. 1억 3천 5백만 년 전부터 6천5백만 년까지로 세 시기 중 가장 길기도 해.

　백악기에는 가장 많은 공룡들이 등장했어. 거대한 뿔을 가진 케라톱스류들이랑 이구아노돈류 공룡들이 번성했어. 무시무시한 사냥꾼인 티라노사우루스류 공룡들도 활발히 돌아다녔지. 하늘에서는 익룡과 새들이 경쟁을 시작했고, 작은 포유동물들도 해안을 따라 번성했단다.

　백악기 말에는 중생대 생물이 거의 멸종하게 되는 거대한 사건이 일어나고 말았단다. 백악기는 다양한 생명체들이 엄청나게 번성했던 시대이기도 하지만 한순간에 대멸종을 겪은 슬픈 시대이기도 해.

| 5월 23일 목요일 | 날씨 | 하늘이 컴컴해지면서 운석이 떨어질까 봐 조마조마한 날 |

오늘 깜짝 놀랄 소리를 들었다. 글쎄 하늘에서 운석이 떨어지는 바람에 공룡들이 갑자기 멸종했다는 거다. 그렇게 무시무시한 공룡들도 꼼짝도 못하고 당하다니! 만약에 운석이 또 떨어지면 인간들도 멸종할 게 틀림없다. 흑! 나는 그렇게 사라질 수는 없다. 하고 싶은 것도 많고, 먹고 싶은 것도 너무 많다. 아마 공룡도 멸종될 때 이렇게 억울했겠지? 공룡이 불쌍해!

알짜배기 과학 상식

공룡은 왜 갑자기 멸종했나요?

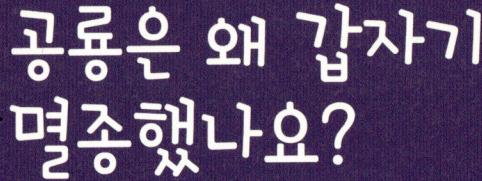

약 6천5백만 년 전, 지구에는 어마어마하고 무시무시한 사건이 일어났어.

멕시코 유카탄반도 근처에 지름이 8~10km나 되는 거대한 운석이 떨어졌단다. 이 충돌로 지구에 떨어진 운석은 폭발했고, 폭발력은 어마어마했어. 엄청난 먼지가 지구의 하늘을 가득 뒤덮었지. 폭발로 생긴 뜨거운 기운은 먼지층에 막혀서 지구의 온도를 끌어올렸어. 엄청난 화재가 일어나서 육지를 활활 불태웠지. 순식간에 수많은 생명체들이 목숨을 잃고 말았어.

그뿐만이 아니야. 곳곳에서 지진이 일어나고 해일이 몰아닥쳤단다. 불이 꺼진 다음에도 하늘을 뒤덮은 먼지구름이 햇빛을 막고 있었기 때문에 식물들은

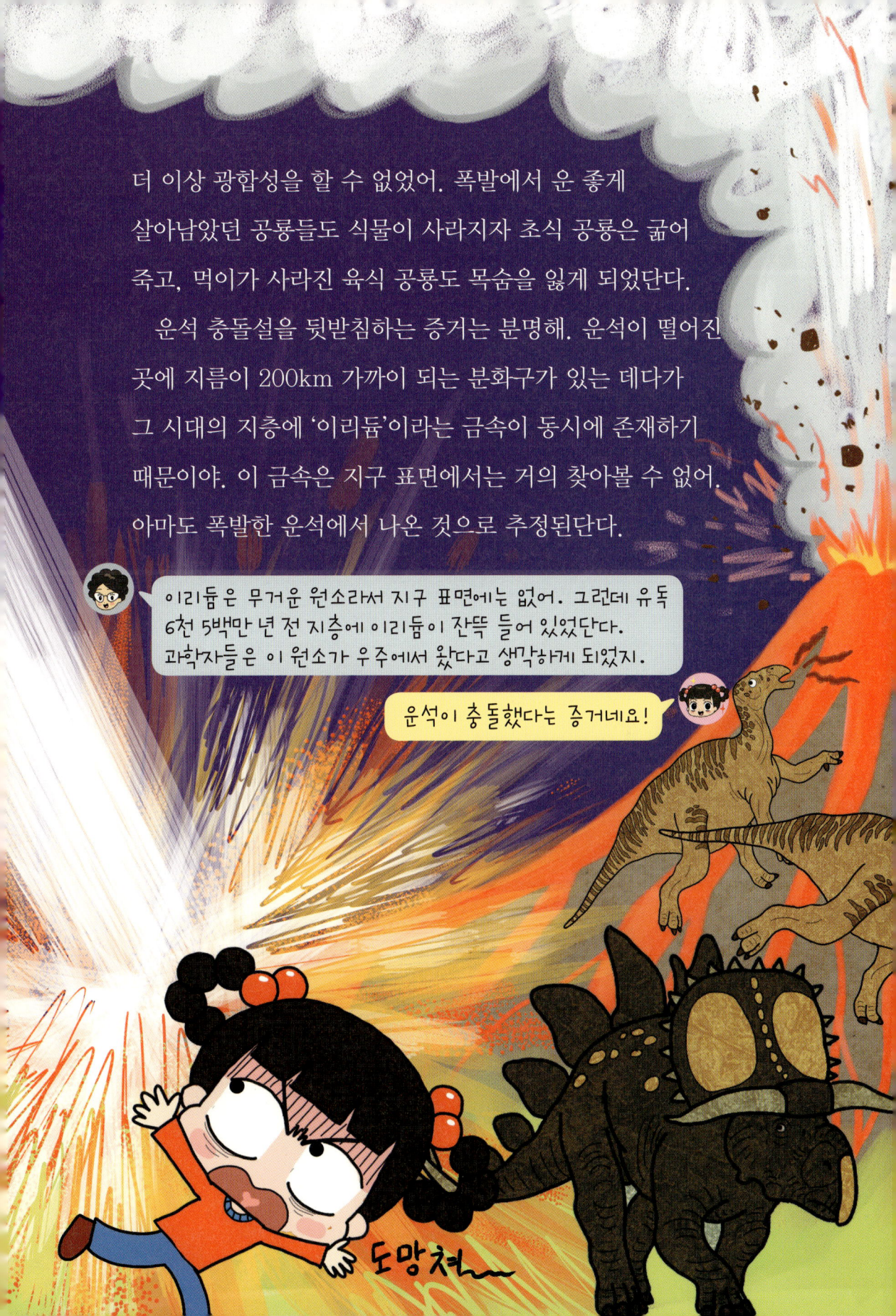

3장 공룡도 가지가지 (공룡의 종류)

01 엉덩이뼈가 달라!
엉덩이뼈 모양으로 공룡을 나눈다고요?

02 도마뱀의 다리를 가진 공룡들
거대 초식 공룡 용각류는 어떤 공룡이었나요?

03 맹수의 다리를 가진 육식 공룡
수각류는 얼마나 무서운 공룡이었나요?

04 독특한 이빨을 가진 공룡들
조각류는 어떤 초식 공룡인가요?

05 갑옷 공룡들
갑옷 공룡들의 갑옷은 얼마나 튼튼했나요?

06 머리 주변에 장식을 가진 공룡들
공룡의 머리장식은 어떤 일을 하였나요?

[용반류와 조반류]

엉덩이뼈가 달라!

| 5월 29일 수요일 | 날씨 오늘따라 엉덩이가 신경 쓰인 날 |

공룡을 종류별로 나눌 때 엉덩이뼈로 나눈다고 한다. 엉덩이뼈라니 엉뚱하기도 하고 신기하기도 하다. 그런데 윤석이가 사람도 엉덩이로 나눌 수 있다고 우겼다. 나랑 돌돌이는 엉덩이가 뚱뚱한 쪽, 자기는 엉덩이가 날씬한 쪽이라고 했다. 그런 게 어디 있냐! 방귀 냄새 나는 궁둥이는 윤석이, 향기로운 궁둥이는 우리! 이렇게 나누는 게 훨씬 알맞다. 그런데 공룡은 엉덩이뼈를 기준으로 어떻게 나누어졌을까?

엉덩이뼈 모양으로 공룡을 나눈다고요?

과학자들은 공룡을 '엉덩이뼈'를 기준으로 분류한단다.

공룡의 엉덩이뼈는 장골, 좌골, 치골이라는 세 종류의 뼈로 이루어져 있어. 이 중에서 좌골과 치골이 어떤 모양인지에 따라서 공룡을 크게 '용반류(용반목)'와 '조반류(조반목)'로 나누는 거야.

용반류는 오늘날 도마뱀과 비슷한 엉덩이뼈를 가지고 있어. 좌골과 치골이 서로 다른 방향으로 뻗어 있어서 'ㅅ' 자 모양을 하고 있지. 이 공룡들은 도마뱀을 뜻하는 '용' 자를 써서 '용반류' 공룡이라고 불러. 두 발로 걷는 육식 공룡들인 수각류와 네 발로 걷는 초식 공룡들인 용각류가 여기에 해당된단다.

조반류는 엉덩이뼈가 새와 비슷해. 좌골과 치골이 나란하게 평행한 모양으로 뒤쪽을 향해 나 있단다. 이 공룡들은 새를 뜻하는 '조' 자를 사용해서 '조반류' 공룡이라고 분류해. 우리가 알고 있는 대부분의 초식 공룡들은 이 조반류에 포함된단다.

그 많은 공룡들이 엉덩이뼈 때문에 둘로 나뉜다니 신기해요.

그렇지? 무척 단순해 보이지만 공룡을 나누는 데에는 참 효율적인 방법이야. 이 방법은 1887년에 정해졌는데 그 이후로도 지금까지 잘 쓰이고 있단다.

[용각류]

도마뱀의 다리를 가진 공룡들

6월 3일 월요일 | 날씨 도망가느라 뛰어서 더 더웠던 날

엄마는 사실 뚱뚱하다. 그런데 엄마만 가끔 그걸 잊어버리나 보다. 오늘도 거울을 보면서 목이 조금만 더 길고 가늘면 훨씬 예쁠 거라고 한탄을 했다. 나는 엄마 목이 가늘고 길게 쭉 늘어나는 상상을 했다. 그랬더니 '용각류'라는 거대 초식 공룡과 비슷했다! 괜히 엄마한테 말했다가 마당까지 도망치느라 고생만 했다. 용각류는 덩치가 얼마나 큰 공룡이었을까?

알짜배기 과학 상식

거대 초식 공룡 용각류는 어떤 공룡이었나요?

용반류는 목이 길고 몸집이 커다란 초식 공룡인 용각류와 무시무시한 육식 공룡인 수각류로 나누어진단다.

용각류란 '도마뱀의 다리를 가진 공룡'이라는 뜻이야. 초기 용각류 공룡들은 그렇게 몸집이 크지 않았을 테지만 시간이 지나면서 점점 몸집이 커졌고 거대한 몸집을 지탱하기 위해서 기둥같이 두꺼운 네 개의 다리가 발달하게 되었단다.

용각류는 기린처럼 기다란 목을 가지고 있었어. 다른 초식 공룡들이 닿지 못하는 높은 곳에 있는 먹이도 손쉽게 먹을 수 있었지. 머리가 작고 꼬리는 길었는데 커다란 몸을 움직이기 편한 구조였다고 해.

트라이아스기 후기에 등장한 플라테오사우루스는 몸길이가 6~10m 정도 되었을 거라고 해. 쥐라기 후기에 살았던 브라키오사우루스는 몸길이가 25m나 되었단다.

> 목이 저렇게 길면 움직이기 불편했을 것 같아요.

> 저 목뼈 사이에는 빈 공간이 많아서 보기보다 가볍고 움직이기 편했단다.

> 엄청 크고 엄청 길다.

[수각류]

맹수의 다리를 가진 육식 공룡

| 6월 8일 토요일 | 날씨 | 윤석이 녀석이 따라다니며 괴롭힌 날 |

오늘은 정말 피곤한 하루였다. 윤석이가 하루 종일 따라다니면서 괴롭혔기 때문이다. 자기가 수각류 공룡이라나 뭐라나. 게다가 혼내 주려고 따라갔더니 "같은 수각류끼리 왜 그러냐?"라고 했다. 민지한테 물어봤더니 수각류 공룡은 티라노사우루스 같은 육식 공룡이란다. 그러니까 나도 육식 공룡이라는 거잖아. 괘씸한 녀석, 가만두지 않겠다! 그런데 수각류 공룡들은 다른 공룡들을 어떻게 공격했을까?

알짜배기 과학 상식

수각류는 얼마나 무서운 공룡이었나요?

용반류 중 또 하나의 종류인 수각류는 사냥꾼 육식 공룡들이야. 수각류란 '맹수의 다리를 가진 공룡'이라는 뜻이지. 작은 앞발은 웅크리고서 튼튼한 두 다리로 걸으며 다른 동물들을 잡아먹는 공룡들이었단다.

수각류 공룡들은 먹이를 잡고 찢을 수 있는 날카로운 발톱을 가지고 있었어. 이빨은 살점을 잘라내기 쉽도록 날카롭고 휘어진 톱니 모양이었지. 뼛속이 비어 있었던 것도 수각류 공룡의 특징이야.

쥐라기를 누비던 사냥꾼 알로사우루스, 백악기 후기

최고의 포식자였던 티라노사우루스 등이 대표적인 수각류 공룡들이야.

수각류 공룡들은 시력이 나빴나요? 영화에서 보니까 거대 육식 공룡들은 앞에 있는 물체를 잘 못 보던데요?

그렇지 않아. 수각류 공룡들의 두 눈은 정면을 향해 있단다. 이것은 앞에 있는 사물을 제대로 보고 사냥할 수 있었다는 거야. 영화처럼 그 자리에 가만히 서 있다가는 큰일 나!

발톱과 이빨 봤어?

같이 가~

살려 줘~

[조각류]

독특한 이빨을 가진 공룡들

| 6월 11일 화요일 | 날씨 | 애기가 간식을 뺏어 먹어서 열 받은 날 |

친구들이 우리 집에 놀러 왔다. 엄마가 간식을 한가득 주셔서 신났다. 그런데 애기가 방문 앞에 서서 자꾸만 들어오려고 했다. 나는 안 된다고 했는데 민지는 입도 작고 이빨도 작은 애기가 먹으면 얼마나 먹겠냐고 했다. 그건 천만의 말씀이다! 결국 애기는 민지 간식을 거의 다 먹어 버렸다. 딸기가 누나는 수각류 공룡인데 동생은 조각류 공룡이라며 신기해 했다. 수각류는 알겠는데 조각류는 또 뭐냐!

조각류는 어떤 초식 공룡인가요?

조각류는 조반류에 속하는 공룡들이야. 조각류는 중생대에 크게 번성했던 초식 공룡들이란다. 조각류란 '새의 발을 가진 도마뱀'이라는 뜻이야. 이름처럼 조각류 공룡의 발가락은 새와 비슷한 모양이었단다. 이 공룡들은 각질로 된 부리를 가지고 있었어. 다른 조반류 공룡들과는 다르게 골판도 없었지. 이 공룡들은 무척 튼튼하고 단단한 이빨을 가지고 있었던 것으로 보여. 입속에 먹이가 들어오면 갈아서 삼킬 수 있게끔 형태가 갖추어져 있었어. 영양소를 효과적으로 빠르게 섭취할 수 있었기 때문에 조각류

너희는 무슨 공룡이니?

공룡들은 백악기가 끝날 무렵에는 지구에서 숫자가 가장 많은 무리로 번성했단다.

우리나라에도 조각류 공룡들이 많이 살았나요?

그럼. 우리나라에서 발견되는 공룡 발자국 화석의 85%는 조각류 공룡의 것이란다.

거대한 이구아나와 닮은 이구아노돈, 입 모양이 평평하고 이빨이 없는 오리 주둥이랑 비슷해서 '오리주둥이 공룡'이라고도 불리는 람베오사우루스와 코리토사우루스가 대표적인 조각류 공룡이야.

[장순류]

갑옷 공룡들

| 6월 15일 토요일 | 날씨 갑옷 공룡으로 변신했다가 온몸에 땀띠가 돋은 날 |

학교 앞에 커다란 공사장이 있다. 선생님도 위험하니까 조심하라고 하셨다. 어제도 민지랑 지나가는데 엄청 커다란 게 "쿵!" 하고 떨어지는 소리가 나서 깜짝 놀랐다. 나는 자전거 헬멧을 쓰고 가방을 앞뒤로 메고 장갑을 꼈다. 이제 공사장에서 다칠 일은 없겠지? 대신 온몸에 땀띠가 돋아 버렸다. 갑옷 공룡들은 갑옷이 답답하지 않았을까?

갑옷 공룡들의 갑옷은 얼마나 튼튼했나요?

몸에 뾰족뾰족한 침이나 망치 같은 꼬리가 달린 공룡들을 본 적이 있지? 사나운 사냥꾼처럼 보이지만 사실 이 공룡들은 초식 공룡들이야. 갑옷 공룡이라고도 하는 장순류 공룡이란다. 조각류처럼 조반류에 속하는 공룡이지.

장순류 공룡들의 특징은 단단한 뼈 성분의 골판과 골침들이 몸을 뒤덮고 있었다는 거야. 이 모습이 마치 갑옷 같아서 '갑옷 공룡'이라는 별명을 얻게 되었지.

장순류 공룡은 검룡류와 곡룡류로 나눌 수 있어. 검룡류란 줄을 지어 놓여져 있는 골판과 뾰족하고 날카로운 골침을 가지고 있는 공룡들이야. 대표적인 공룡이

스테고사우루스란다. 등을 따라 돋은 커다란 다이아몬드형 골판들이 인상적이지. 꼬리에 나 있는 날카로운 골침은 포식자들에게 큰 위협이 되었을 거야.

곡룡류는 피부에 딱딱한 골판들이 뒤덮여 있는 공룡들이야. 안킬로사우루스같은 일부 공룡들은 꼬리에 쇠뭉치 모양의 곤봉이 달려 있어서 휘두르면 포식자에게 큰 상처를 줄 수 있었어. 곡룡류 공룡들이 느릿느릿 땅을 훑으며 다니는 모습은 마치 튼튼한 탱크와 비슷하게 보였을 거야.

> 갑옷 공룡들의 갑옷은 무척 단단했겠죠?

> 다 자란 갑옷 공룡의 골판은 웬만한 육식 공룡의 이빨로는 뚫기 어려울 만큼 단단했지. 하지만 아직 다 자라지 못한 새끼 공룡들은 골판이 부드러워서 육식 공룡의 먹이가 되기 쉬웠을 거야. 그래서 갑옷 공룡들은 큰 무리를 지어 살면서 아기들을 둘러싸고 보호했단다.

[주식두류]

머리 주변에 장식을 가진 공룡들

| 6월 20일 목요일 | 날씨 뿔공룡 머리띠를 하고 얼굴이 빨개진 날 |

은희가 새 머리띠를 하고 와서 자랑을 했다. 프랑스에서 삼촌이 보내 준 거라며 하도 으스대기에 좀 얄미웠다. 그런데 윤석이가 내가 부러워하는 줄 알았나 보다. 나에게 잘 어울리는 머리띠라며 선물을 줬다. 쳇! 그러면 그렇지. 이마에 뿔이 세 개나 돋은 공룡 머리띠였다. 누가 뿔공룡 시켜 달랬냐고! 그런데 뿔공룡의 뿔은 어떤 일에 쓰였을까?

공룡의 머리 장식은 어떤 일을 하였나요?

주식두류 공룡은 머리 주변에 장식을 가진 공룡들이야. '주식두'란 '주변에 장식이 있는 머리'라는 뜻이지. 주식두류 공룡들도 조각류, 장순류 공룡들처럼 새의 엉덩이뼈를 가진 조반류 공룡이야.

주식두류 공룡에는 파키케팔로사우루스처럼 두개골이 무척 두껍게 발달한 후두류 공룡들과 트리케라톱스처럼 머리에 '프릴'이라고 불리는 판과 뾰족한 뿔이 돋은 각룡류 공룡들이 있었어.

후두류 공룡의 머리는 어찌나 두꺼운지 둥그런 바위를 얹어 놓거나 헬멧을 쓴 것처럼 보였단다.

커다란 프릴을 가진 각룡류 공룡들은 프릴로 몸도

보호하고 짝을 찾을 때 과시용으로도 사용했단다. 어떤 공룡들은 프릴 꼭대기에 거대한 뿔이 돋아 있기도 했어. 크고 무거운 프릴은 거대한 육식 공룡에 대항하려면 꼭 필요한 무기로 쓰였을 거야.

각룡의 프릴은 피부가 단단하게 변한 건가요?

아니야. 프릴도 머리뼈의 하나란다. 머리뼈의 뒤쪽이 넓고 단단하게 발달한 거지. 육식 공룡들은 대개 목덜미를 물어 공격하는데 단단한 프릴 때문에 각룡을 무는 것은 쉽지 않았을 거야.

아니야! 이 튼튼한 머리에 반한다구!

4장 인기 만점 공룡들

01 무시무시한 사냥꾼
티라노사우루스는 얼마나 무서운 공룡이었나요?

02 코뿔소를 닮은 공룡
트리케라톱스의 뿔은 어떤 일을 했나요?

03 거대 가시를 조심해
스테고사우루스도 공격을 했다고요?

04 박치기 대장
파키케팔로사우루스는 정말 박치기를 했나요?

05 달리는 도마뱀
벨로키랍토르는 얼마나 영리한 공룡이었나요?

[티라노사우루스]

무시무시한 사냥꾼

6월 23일 일요일 | **날씨** 닭 쫓다가 나뭇가지만 쳐다본 날

할머니 댁에 갔다. 할머니 댁에는 재밌는 것투성이다. 할머니가 닭을 잡으러 간대서 나도 따라갔다. 커다란 닭이 뛰어가길래 나도 따라서 뛰었다. 그런데 닭이 날개를 퍼덕거리면서 날았다! 닭이 아니라 새 같았다! 닭이 올라간 나뭇가지가 너무 높아서 손이 닿지 않았다. 미미는 내가 티라노사우루스랑 닮았다면서 웃었다. 티라노사우루스가 머리는 크고 팔은 짧다는 거다. 티라노사우루스 앞다리가 그렇게 짧았나?

티라노사우루스는 얼마나 무서운 공룡이었나요?

공룡을 떠올리면 뭐니 뭐니 해도 티라노사우루스의 얼굴이 떠올라. 티라노사우루스는 백악기 지구를 지배하던 최강의 육식 공룡이었어.

다 자란 티라노사우루스의 몸길이는 12~13m나 되었고 몸을 세우고 똑바로 선다면 키가 5~6m나 되었단다. 튼튼한 뒷다리와 몸의 균형을 잡아 주는 긴 꼬리를 가지고 있었지. 앞다리는 무척 짧았지만 날카로운 발톱이 달려 있었어.

티라노사우루스는 강한 턱과 이빨을 가지고 있었어.

 티라노사우루스의 무는 힘은 5,700kg이나 돼. 동물의 왕 사자가 무는 힘이 300kg쯤 되니까 얼마나 큰 힘인지 알 수 있겠지?

 우와, 대단하네요.

 티라노사우루스의 똥 화석에서는 잘게 부서진 뼈가 발견되기도 했어. 그러니까 힘센 턱 근육으로 먹잇감을 뼈째 씹어 먹었던 거지.

티라노사우루스는 대형 공룡들을 사냥하기도 했지만 죽은 고기를 먹어치운 시체청소부 역할을 했다는 연구 결과도 있어. 어떤 경우든 티라노사우루스는 이름의 뜻처럼 '폭군 도마뱀'이었던 게 확실해.

[트리케라톱스]

코뿔소를 닮은 공룡

| 6월 28일 금요일 | 날씨 | 엄마의 뿔 공격을 피해 도망 다니느라 땀났던 날 |

엄마가 머리카락을 둥글게 말아 놓는 미용 도구 3개를 달고서 쿵쿵거리고 다니니까 코뿔소 같기도 하고 뿔 세 개 달린 공룡 같기도 했다. 별걸 다 아는 내 동생 미미는 그 공룡이 트리케라톱스라고 했다. 그런데 그 바람에 엄마가 그 소리를 듣고 말았다. 트리케라톱스랑 닮았다는 게 뭐 어때서 그럴까? 그런데 트리케라톱스의 뿔 공격은 정말 무시무시했을까?

알짜배기 과학 상식

트리케라톱스의 뿔은 어떤 일을 했나요?

트리케라톱스는 코뿔소를 닮은 공룡으로 유명해. 백악기에 번성해서 대멸종 때까지 살고 있었던 대표적인 초식 공룡이야. 몸길이가 8m가 넘는 커다란 공룡이었단다.

'트리케라톱스'라는 이름을 풀어 보면 그리스어로 '트리(tri, 세 개), 케라(keras, 뿔), 옵스(ops, 얼굴)'로 '세 개의 뿔이 있는 얼굴'이라는 뜻이야. 우선 이 공룡의 머리 뒤쪽에는 프릴이 달려 있었어. 프릴은 거대한 주름 모양의 장식인데 뼈 성분으로 되어 있었지. 그리고 눈 윗부분에 길고 뾰족한 뿔이 두 개 나 있고 코 위에도 뿔 하나가 있었어.

눈 위에 난 뿔은 어른이 될수록 길어져서 다 자라면 1m가 넘었을 것으로 보여. 프릴과 뿔들은 육식 공룡들에게 대항할 수 있는 방어 무기가 되어 줬단다.

저렇게 단단한 프릴이나 뿔이 상하기도 했나요?

그래. 뿔이 부러지거나 프릴이 심하게 긁힌 화석들도 발견되었단다. 아마도 심각한 부상을 입고 죽음을 맞았을 거야. 육식 공룡을 방어하느라 다친 것일 수도 있지만 동료들끼리 힘을 겨루다가 상처를 입은 것일 수도 있단다.

뿔이 방어 무기구나

| 7월 1일 월요일 | 날씨 윤석이의 방귀 냄새 때문에 공기가 안 좋았던 날 |

윤석이의 방귀 공격 때문에 못살겠다. 여기저기 뀌어대더니 딸기한테는 한참 모아두었던 지독한 방귀 덩어리를 뀌었다. 딸기는 자기도 모르게 읽고 있던 책으로 얼굴을 막았다. 그런데 책 모서리에 윤석이의 궁둥이가 찔렸다. 민지가 그러는데 스테고사우루스도 골침으로 육식 공룡을 그렇게 물리친다고 한다. 스테고사우루스의 골침은 어떻게 생겼을까?

스테고사우루스도 공격을 했다고요?

스테고사우루스는 쥐라기에 살았던 거대 초식 공룡이야. 스테고사우루스의 화석을 보면 무척 독특해. 등에 커다란 골판이 줄지어서 나 있는 데다가 꼬리 끝에는 날카로운 가시인 골침 4개가 돋아 있거든. 이 때문에 스테고사우루스의 몸집은 훨씬 커 보이는 효과가 있어.

스테고사우루스의 골판에는 혈관이 퍼져 있었다고 해. 어떤 학자들은 스테고사우루스가 이 혈관을 팽창시켜 골판을 붉게 보이게 할 수 있었을 거라고 말하지. 그렇게 해서 같은 무리를

알아보고 짝을 찾거나 과시할 때 사용했다는 거야.

어떤 학자들은 골판 덕분에 스테고사우루스에게 체온을 조절하는 능력이 있었다고 주장해.

골판으로 어떻게 체온을 조절해요?

몸에 열이 오르면 바람 부는 곳에서 골판을 펴서 체온을 식히고, 몸이 차가워지면 햇볕이 드는 곳에서 골판을 펴서 체온을 올리는 거지.

한편, 스테고사우루스의 꼬리에 달려 있는 가시 '골침'은 강력한 방어 무기로 쓰였어. 육식 공룡 알로사우루스의 화석에서 척추뼈에 뚫린 이상한 구멍이 발견되었는데 이것은 스테고사우루스의 골침과 정확하게 일치했단다.

이겨라!!! 스테고사우루스

꼬리에 달려 있는 골침은 강력한 무기야!

[파키케팔로사우루스]

박치기 대장, 파키케팔로사우루스

| 7월 3일 수요일 | 날씨 박치기를 하는 바람에 머리도 돌고 눈도 돌고 세상도 빙빙 돈 날 |

민지가 사탕 하나를 흘렸는데 하필 돌돌이랑 내가 보고 말았다. 돌돌이랑 나는 동시에 사탕한테 달려들었다. 쾅! 그다음은 잠시 기억이 안 난다. 돌돌이랑 내가 머리통을 붙잡고 앉아 있는데 은희는 우리보고 박치기 공룡 같다며 놀렸다. 박치기를 하는 공룡이 정말 있다고? 그렇다면 그 공룡은 머리뼈가 돌보다 단단해야 할 거다.

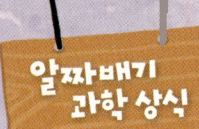
알짜배기 과학 상식

파키케팔로사우루스는 정말 박치기를 했나요?

파키케팔로사우루스는 긴 진짜 이름보다 '박치기 공룡'이라는 이름으로 더 유명해. 파키케팔로사우루스라는 이름의 뜻은 '머리가 두꺼운 도마뱀'이야. 이름에서 알 수 있듯이 파키케팔로사우루스의 머리뼈는 두께가 비정상적으로 두껍단다.

사람의 머리뼈 두께는 6.5mm 정도인데 이 공룡의 머리뼈 두께는 23cm나 되었어. 머리뼈가 이렇게 두껍다 보니 뇌는 작은 편이었어.

뇌도 작고 머리도 매일 때렸으니 그렇게 영리한 공룡은 아니었겠네요.

나 때문에 싸우지 마!

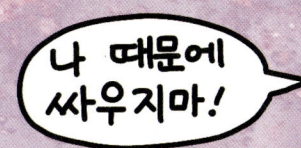

아마도 이 두꺼운 머리뼈는 박치기를 하는데 쓰였을 거로 보여. 짝짓기 때 수컷끼리 경쟁을 할 때 쓰이기도 하고 자기 구역을 지키기 위해서 사용되었을 거야. 때로는 포식자의 공격을 막아내기 위해 쓰이기도 했지. 화석 중에서 이 머리뼈를 다친 두개골이 발견되기도 했는데 박치기를 하면서 살았다는 걸 뒷받침해 주는 증거가 되었단다.

두 개의 앞다리와 두 개의 뒷다리를 가졌지만 보통 두 다리로 걸었어. 앞다리 두 개는 너무 작고 짧아서 무척 약했을 거야. 똑바로 섰을 때 키는 2.5m 정도로, 어린이의 두 배 정도 되었단다.

[벨로키랍토르]
달리는 도마뱀

| 7월 5일 금요일 | 날씨 해가 쉽게 꼴깍 넘어가 버린 날 |

친구들과 너무 늦게까지 놀았다. 집에 올 땐 컴컴한 저녁이 되어 버렸다. 엄마한테 무지 혼날 텐데. 그런데 이게 꿈이냐, 생시냐. 미미가 창문을 열고 아는 척을 했다. 나는 얼른 미미, 애기랑 작전을 짰다. 엄마가 나올 때 미미랑 애기가 꼭 붙잡고 나는 그사이에 줄행랑을 치는 작전이다. 작전 대 성공! 덕분에 집안에 무사히 들어왔다. 그런데 벨로키랍토르라는 공룡도 이렇게 작전을 짜서 큰 공룡을 이긴 걸까?

벨로키랍토르는 얼마나 영리한 공룡이었나요?

티라노사우루스 못지않게 유명한 공룡이 바로 '벨로키랍토르'야. 공룡 영화 속에서도 랩터는 몸집이 크진 않지만 빠르고 영리해서 간담을 서늘하게 하지.

'랩터'는 '랍토르'라고도 불리는데 '랩터'는 영어 발음이고 '랍토르'는 라틴어 발음이야. 벨로키랍토르란 이름은 '날쌘 사냥꾼', '빠른 약탈자'라는 뜻이야. 몸길이가 1.8m 정도였다고 추정되니까 비교적 작은 육식 공룡이었지. 비교적 가느다랗고 긴 다리는 무척 민첩하게 움직일 수 있었어.

다리 끝에는 날카롭고 무시무시한 갈고리 모양의

발가락이 달려 있었는데 이 갈고리는 위에서 아래로 내려찍고, 좌우로도 돌릴 수 있었대. 쏜살같이 사냥감을 따라가 갈고리로 찍어서 먹이를 잡고 잘라 먹었지.

> 벨로키랍토르는 작전을 짜서 사냥을 했단다.

> 공룡이 작전을 짠다고요?

> 몸집이 작다 보니 혼자서 사냥을 하는 것은 어려웠을 거야. 무리를 지어 협동을 해서 사냥을 했던 것으로 보여. 그래서 학자들은 벨로키랍토르가 무척 똑똑했을 거라고 추측한단다.

재미있는 것은 아마도 벨로키랍토르는 깃털로 덮여 있었을지도 모른다고 해. 이 깃털은 사냥할 때 몸의 균형을 잡는 데 도움을 줬을 거라고 하지.

5장 공룡을 기억해

01 공룡을 찾는 사람들
공룡 뼈를 찾아다니는 사람들은 누구인가요?

02 이야기의 실마리
아무거나 화석이 될 수는 없다고요?

03 뼈가 살아났네!
화석은 어떻게 발굴하고 복원하나요?

04 우리나라에는 어떤 공룡들이 살았을까?
우리나라에도 공룡이 많이 살았나요?

05 공룡을 보러 가자
공룡을 볼 수 있는 박물관은 어디인가요?

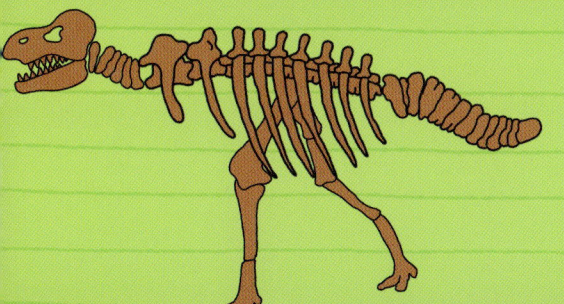
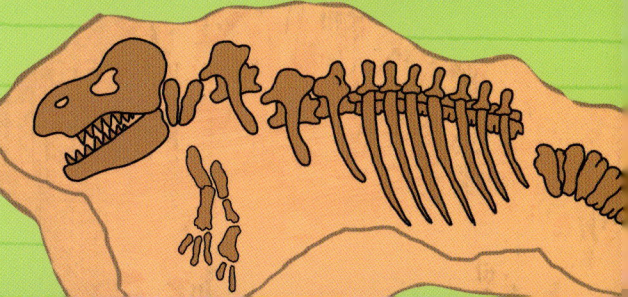

[고생물학자]
공룡을 찾는 사람들

| 7월 6일 토요일 | 날씨 마당에서 공룡 뼈를 찾은 날 |

애기는 공룡 탐사대나 공룡 탐험가가 될 게 틀림없다. 우리 집 마당에서 공룡 뼈 비슷한 뼈를 찾아냈기 때문이다. 장난감 삽으로 몇 번 팠는데 그런 게 나오다니! 나는 그 뼈에 '공룡 넓적다리뼈'라는 이름도 붙여 줬다. 조금 이상한 건 개가 자꾸만 짖는다는 거다. 뭐지? 어쩐지 "내 거야!" 이러는 것 같아서 쪼끔 신경이 쓰인다. 그런데 공룡 뼈를 찾아다니는 사람들도 이렇게 뼈를 찾아내는 걸까?

알짜배기 과학 상식

공룡 뼈를 찾아다니는 사람들은 누구인가요?

공룡 뼈를 찾아내는 사람들은 참 운이 좋은 것 같아요.

그렇긴 하지만 운 때문만은 아니야. 공룡 뼈는 아무 데나 있는 게 아니란다. 공룡이 살았던 백악기 지층이 있는 곳으로 가야 하고, 화석이 있을 만한 암석인 퇴적암층을 찾아야 하지. 게다가 하필 그 퇴적암층이 솟아올라서 화석이 드러나야 발견할 수 있는 거야.

공룡은 수천만 년 전에 살았던 동물이야. 상상도 못 할 만큼 오래전의 동물이지. 하지만 오늘날 우리는 멋진 공룡의 모습을 알고 있어. 공룡을 본 사람은 아무도 없는데 말이야. 어떻게 이런 일이 가능한 걸까?

이것은 오랫동안 공룡 화석을 찾아다니면서

발굴하고, 연구하여 공룡의 원래 모습을 복원하는 일을 하는 사람들 덕분이야. 이들은 작은 뼛조각이나 흔적, 발자국들까지도 보물처럼 소중하게 여긴단다. 그리고 이것들을 바탕으로 살아 있을 때의 모습과 환경 등을 추론해 내는 것이지. 이런 일을 하는 사람을 '고생물학자'라고 불러.

고생물학자들은 화석으로 남아 있는 생물체가 살아 있을 땐 어떤 모습이었고, 어떻게 발생해서 어떻게 진화했는지 등을 연구한단다. 자료가 많지 않기 때문에 모든 의문들을 다 풀어내기가 쉽지 않아. 그래서 고생물학자들은 생물학이나 해부학뿐만 아니라 생태학이나 유전학 등에도 폭넓은 지식을 갖추어야 한단다.

이야기의 실마리
[화석]

| 7월 10일 수요일 | 날씨 썩은 양말 냄새에 코까지 썩을 뻔한 날 |

화석을 캐내는 모습을 텔레비전에서 보았다. 그 순간! 아빠랑 나는 마음이 찌릿! 통했다. 화석을 찾아서 캐내면 우리는 어마어마한 부자가 될 거다. 그런데 우리의 꿈은 너무 빨리 무너졌다. 엄마가 썩은 양말을 찾아와서 코 앞에 들이댔기 때문이다. 엄마는 양말 화석이나 치우라고 했다. 그런데 아빠는 아무리 썩었어도 양말은 화석이 아니란다. 저렇게 오래됐는데 화석이 아니라니! 도대체 화석은 어떤 것일까?

알짜배기 과학 상식

아무거나 화석이 될 수는 없다고요?

공룡은 사라졌지만 먼 옛날에 자신이 살았다는 증거를 남기고 갔어. 그게 바로 '화석'이란다.

'화석'은 지질 시대에 살았던 생물의 뼈나 흔적을 말해. 여기서 중요한 건 화석이 되려면 반드시 '지질 시대에 살았던 생물'이어야 한다는 거야.

삼천 년 전에 살았던 개의 뼈가 발견되면 화석인가요?

 화석이 아니란다. 삼천 년이나 되었어도 지질 시대에 살았던 생물이 아니기 때문이야.

지질 시대는 46억 년 전 지구가 생겼을 때부터 인류가 문자를 사용하기 전인 1만 년 전까지의 시대를 말한단다.

이때에는 기록물이 없으니까 땅에 남은 흔적으로 어떤 일이 있었는지를 짐작하는 거지.

그럼 죽은 공룡은 어떻게 해서 화석으로 남은 걸까? 화석이 되려면 순간적으로 빨리 묻혀야 해. 그리고 좀 더 단단할수록 화석으로 남을 가능성이 높단다. 공룡이 죽어서 호수나 바다 밑바닥에 묻히면 그 위로 자갈, 모래, 진흙 등이 쌓이고 눌려서 단단한 퇴적암 지층이 된단다. 공룡의 몸은 점점 더 단단하게 굳어져 가지. 그런데 갑작스러운 지각 변동이 일어나면서 밑에 있던 지층이 솟아오르기도 해. 그 후 바람이나 비 등으로 지층이 깎이면서 숨어 있던 공룡의 화석이 드러나게 되는 거야.

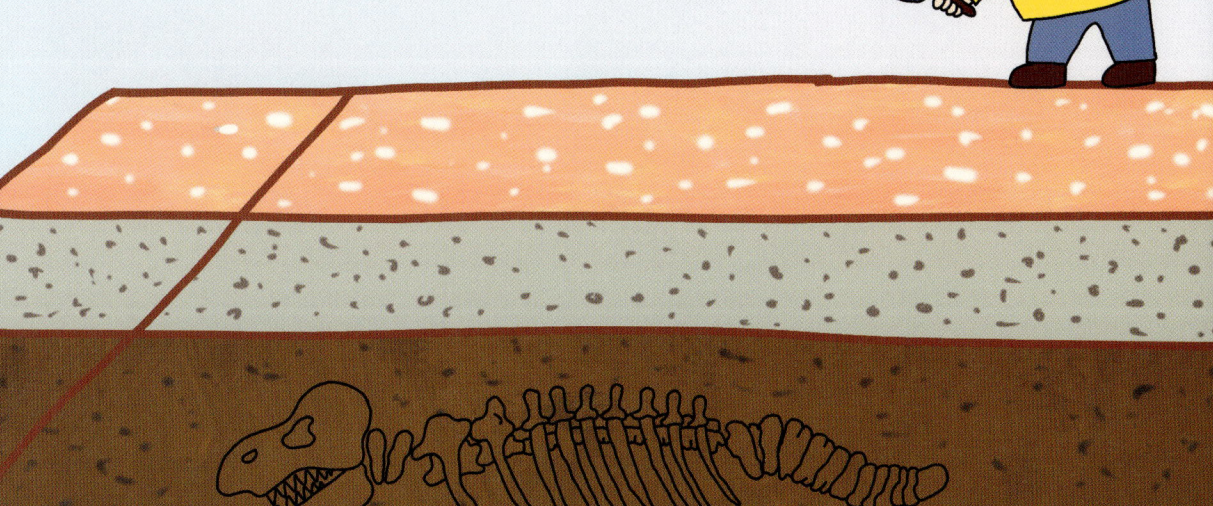

단단할수록 화석으로 남을 가능성이 높대!

[화석의 발굴]

뼈가 살아났네!

7월 13일 토요일 | 날씨 치킨을 많이 먹어서 기분 좋은 날

치킨은 언제나 맛있다. 하도 맛있어서 급하게 먹다 보면 뼈만 쏙 남는다. 미미랑 애기한테도 뼈를 발라 먹는 기술을 좀 보여 줬다. 미미는 신기해했는데 문제는 애기였다. 고기가 사라지는 걸 눈치채고 말았다. 애기가 하도 크게 울어서 엄마가 알아 버렸다. 화석 발굴로 속일 수 있었는데. 하지만 치킨은 맘껏 먹었으니 괜찮다. 그런데 화석 발굴도 내가 한 것처럼 뼈만 쏙 빼내는 일일까?

알짜배기 과학 상식

화석은 어떻게 발굴하고 복원하나요?

화석은 단단한 돌에 둘러싸여서 발견돼. 이것을 캐내는 것을 발굴이라고 하는데 발굴할 때엔 뼈만 빼내는 것이 아니라 화석을 둘러싸고 있는 돌까지 함께 캐낸단다. 그러고는 부서지지 않게 석고 덮개로 잘 덮어서 이동해야 해. 이렇게 해야 손상이 되지 않아.

발굴지에서 옮겨진 화석은 주변 돌들을 떼어 내는 작업을 거치게 된단다. 아주 섬세한 송곳과 끌로 조심조심 조금씩 다듬어 내는 작업이야. 무척 오래 걸리고 끈기가 필요한 작업이지. 뼈만 오롯이 남기기까지는 몇 년씩 걸리기도 해.

뼈가 잘 분리되었으면 이제 어느 부위인지 뼈들을 맞추는 작업을 해야 해. 공룡이 완벽하게 설 수 있으려면 모든 뼈가

화석은 단단한 돌에 둘러싸여서 발견돼.

있어야 하지만 대개 없는 부위들이 생긴단다. 이럴 때에는 앞서 발굴된 친척 공룡들의 것을 복사해서 채워 넣게 되지.

자, 이제 마지막 단계야. 튼튼한 금속 틀로 뼈대를 고정해 주고 보기 좋은 자세를 잡아 주어 세우면 공룡의 뼈는 수천만 년 전에 살아 있던 모습으로 복원되어 우리 앞에 서는 것이란다.

친척 공룡의 뼈를 복사한다는 건 가짜뼈를 만든다는 거예요?

그렇지. 먼저 실리콘으로 거푸집을 만들고 그 안에 유리섬유나 합성수지를 채워서 만든단다. 이렇게 만든 가짜뼈는 가벼워서 공중에 매달기도 좋아. 티라노사우루스의 경우 머리뼈가 270kg이나 나가기 때문에 세워 놓기 어려워. 그래서 이런 방식으로 가짜뼈를 만들어서 전시해 놓곤 한단다.

화석을 둘러싼 돌까지 함께 캐내서 화석 주변의 돌들을 떼내는 작업을 해.

뼈를 맞출 때는 없는 부위의 뼈를 채워 넣고 금속 틀로 뼈대를 고정해 좋은 자세로 잡아 주면 돼.

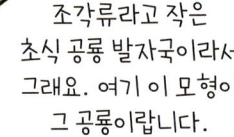

| 7월 20일 토요일 | 날씨 | 공룡 발자국이랑 내 발자국을 비교해 본 날 |

공룡 발자국 화석지에 갔다. 1억 년 전 공룡들의 발자국이 아직까지 남아 있다니. 그런데 생각보다 공룡 발자국이 작아서 시시했다. 그러자 가이드 언니가 서 있는 곳을 보라고 했다. 나는 커다란 구멍 안에 서 있었는데, 그게 공룡 발자국이라는 거다! 게다가 옆에 있는 발자국엔 엄청 깊은 발톱 자국도 있었다. 으~ 무섭지 않다는 말은 취소다. 정말 우리나라에는 얼마나 다양한 공룡들이 살았던 것일까?

알짜배기 과학 상식

우리나라에도 공룡이 많이 살았나요?

발자국이 남은 흔적도 화석이라고 하나요?

 그렇단다. 뼈뿐만 아니라 발자국, 알과 둥지, 기어다닌 흔적 등도 화석이라고 한단다. 심지어 공룡의 똥 화석도 '분화석' 이라고 불리는 귀중한 자료야. 이 화석을 보면 공룡이 무엇을 먹었는지 확실히 알 수 있거든.

우리나라에도 공룡이 살았을까? 당연하지. 그것도 아주 많이 말이야. 한반도의 일부 지층은 중생대 백악기 지층이야. 백악기는 공룡이 가장 번성했던 시대야. 아마도 백악기의 한반도는 공룡들의 낙원이었던 것으로 보여. 그 증거는 퇴적암층에서 발견되는 공룡 화석과 흔적들로 알 수 있어. 특히 경기도 화성시 시화호 일대와 경상도와 전라도의 남해안 일대는 공룡 화석과 공룡알

우리나라도 공룡이 살았어.

화석, 공룡 발자국 화석 등이 엄청나게 발견되고 있단다.
 '놀라운 도마뱀'이라는 뜻을 가진 타르보사우루스는 티라노사우루스와 친척쯤 되는 거대 육식 공룡이야. 타르보사우루스는 한반도를 누비며 포식자 자리를 누렸어. '점박이'라는 이름으로 〈한반도의 공룡〉이라는 애니메이션 영화에서 주인공을 맡은 공룡이 바로 타르보사우루스란다.
 경기도 화성시 전곡항 제방에서 발견된 화석은 트리케라톱스의 먼 조상이 되는 공룡이야. 이 공룡은 코리아케라톱스라는 이름을 갖게 되었지. 또 전남 해남에서 발견된 익룡 '해남이크누스'의 흔적을 보면 한반도에서 익룡도 크게 번성했음을 알 수 있어.

| 7월 23일 화요일 | 날씨 박물관을 찾느라 땀을 뻘뻘 흘린 날 |

아이고, 다리야! 애기한테 공룡을 보여 주려다가 다리가 없어지는 줄 알았다. 공룡을 보려면 박물관에 가면 됐댔는데. 그런데 옹기 박물관에 갔더니 항아리만 있었다. 역사 박물관이랑 우주 박물관에도 공룡은 없었다. 마지막으로 자연사 박물관이라는 데에 갔는데 애기가 "공룡, 공룡!" 하고 외쳐댔다. 자연사 박물관에는 '자연사'만 있는 줄 알았더니 거기에 공룡이 있다니!

알짜배기 과학 상식

공룡을 볼 수 있는 박물관은 어디인가요?

자연사 박물관은 공룡 화석과 진짜 공룡 화석처럼 생생한 모형들을 체험할 수 있는 좋은 곳이야. 자연사 박물관에는 지구에 살았던 생물들의 역사가 담겨 있어. 공룡의 역사도 포함해서 말이야. 공룡이 등장하고 번성하고 진화, 멸종하기까지의 과정을 모두 볼 수 있단다.

서대문 자연사 박물관은 서울 한가운데에 있는 자연사 박물관이야. 이곳에서는 공룡뿐만 아니라 지구의 탄생과 역사, 인류의 진화 과정도 생생히 볼 수 있어. 공주시 계룡산에 있는 계룡산 자연사 박물관이나, 국립 과천 과학관, 대전 연구단지에 있는 지질 박물관도 공룡을 체험할 수 있는 좋은 박물관들이란다.

공룡이 남긴 발자국을 직접 보고 체험하고 싶다면 '공룡 발자국 화석지'를 찾아가 보자. 경상남도 고성의 상족암 해안가에는 마치 얼마 전에 걸었던 것처럼 생생한 공룡들의 발자국이 남아 있어. 이곳은 '세계 3대 공룡 발자국 화석지'로도 인정받은 곳이야. 전라남도 해남도 세계적으로 손꼽히는 공룡 발자국 화석지란다. 이곳에서는 용각류, 조각류뿐 아니라 수각류 공룡의 발자국 화석도 볼 수 있단다.

공룡마다 발자국 모양도 다른가요?

초식 공룡들의 발자국은 대개 둥그스름한 모양이야. 앞발자국보다 뒷발자국이 조금 더 큰 편이었단다. 육식 공룡인 수각류 발자국은 세 갈래로 나뉜 모습이야. 길쭉한 발가락 끝에는 날카로운 발톱 자국이 깊게 패여 있지.

국어 교과서(3학년 2학기)에서 안녕 자두야 를 만나세요!

우리 문화에 대한 지식과 자부심을 심어 주고자 합니다.

우리 조상들이 남겨 놓은 유·무형의 문화유산들을 수수께끼를 통해 알아봅니다.

수수께끼랑 놀자 시리즈 | 각 권 값 10,000원 | 올컬러
1. 우리 문화유산에는 어떤 수수께끼가 담겨 있을까?
2. 우리 전통과학에는 어떤 수수께끼가 담겨 있을까?
3. 우리 명절에는 어떤 수수께끼가 담겨 있을까?
4. 불가사의 세계 문화유산 수수께끼

자두와 떠나는 아주 특별한 계절 여행

계절의 참모습을 담은 세밀화와 함께 우리나라의 자연과 문화의 소중함을 가르쳐 줍니다.

계절 여행 시리즈 | 각 권 값 9,000원 | 올컬러
1. 자두의 가을 여행 2. 자두의 겨울나기 3. 자두의 봄나들이 4. 자두의 여름 이야기

재미 솔솔~ 지식 쑥쑥! 역사의 흐름이 한눈에 보인다!

각 시대의 인물, 사건, 제도, 생활 모습 등을 구분하여 설명했기 때문에 역사의 흐름을 단숨에 파악할 수 있습니다.

역사 일기 시리즈 | 각 권 값 9,500원 | 올컬러
1. 두근두근 역사 일기 [조선 시대] 2. 콩닥콩닥 역사 일기 [고려 시대]

몰래 하는 모든 것은 재미있어요!

선생님 몰래, 엄마 몰래, 친구 몰래
혼자만 간직하고 싶은 이야기가 가득합니다.

쉿! 비밀이야 시리즈 | 각 권 값 9,000원 | 올컬러
1. 쉿! 비밀이야 선생님 몰래 2. 쉿! 비밀이야 엄마 몰래 3. 쉿! 비밀이야 친구 몰래
4. 쉿! 비밀이야 아무도 몰래

국어 기초 어휘를 놀면서 공부합니다!

자두와 함께하면 까다로운 공부도 즐거운 놀이가 됩니다

놀자 시리즈 | 각 권 값 9,000원 | 올컬러
1. 안녕 자두야 속담이랑 놀자 2. 안녕 자두야 수수께끼랑 놀자

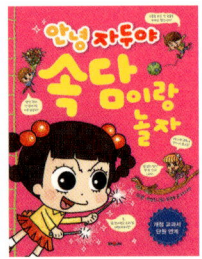 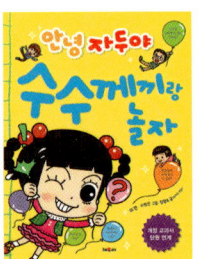

수수께끼 숨은그림찾기로 집중력을 키워 주세요!

아이들의 두뇌개발에 아주 큰 도움이 되는 신개념 놀이책입니다!

숨은그림찾기 시리즈 | 각 권 값 9,000원 | 올컬러
1. 상상력이 팡팡 터지는 수수께끼 숨은그림찾기
2. 창의력이 빵빵 터지는 수수께끼 숨은그림찾기
3. 사고력이 쑥쑥 자라는 수수께끼 숨은그림찾기

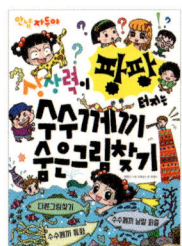  

아이들의 상상력에 날개를 달아 주는 이야기!

주변의 익숙한 것들이 사라지는 상상을 통해 일상의 소중함을 깨우쳐 줍니다!

수상한 일기장 시리즈 각 권 값 9,000원 | 올컬러
1. 우리 학교가 사라졌어요! 2. 엄마 아빠가 사라졌어요!
3. 학원이 사라졌어요!

놀면서 공부하는 학습 놀이책!

재미있는 동화에 이야기와 학습이 함께 담긴 학습 놀이책 시리즈입니다!

공부두뇌가 빵 터지는 놀이 시리즈 | 각 권 값 9,000원 | 올컬러
1. 재치가 번뜩번뜩 이솝우화랑 놀자
2. 지혜가 반짝반짝 탈무드랑 놀자
3. 공부두뇌가 빵 터지는 전래동화놀이
4. 공부두뇌가 빵 터지는 수학놀이

교과서를 분석하여 꼭 알아야 할 단어만을 뽑았습니다!

교과서 낱말퍼즐 시리즈 | 각 권 값 9,000원 | 올컬러
1. 1·2학년 공부의 기초! 교과서 낱말 퍼즐
2. 3·4학년 공부의 기초! 교과서 낱말 퍼즐

자두의 일기장에는 어떤 비밀이 숨겨져 있을까?

일기를 통해 아이들의 다양한 감정을 솔직하게 표현할 수 있도록 도와줍니다.

일기장 시리즈 | 각 권 값 9,000원 | 올컬러
1. 자두의 고민 일기장 2. 자두의 비밀 일기장 3. 자두의 꿈 일기장 4. 자두의 행복 일기장 5. 자두의 나쁜말 일기장 6. 자두의 부자 일기장
7. 자두의 짝사랑 일기장 8. 자두의 백점 일기장 9. 자두의 독서 일기장 10. 자두의 왕따 일기장 11. 자두의 칭찬 일기장 12. 자두의 호기심 일기장
13. 자두의 놀이 일기장 14. 자두의 감정 일기장 15. 자두의 과학 실험 일기장 16. 자두의 거짓말 일기장

채우리   도서 문의 02-828-8985